AF245477
I 41 16
2777

DÉFENSE

POUR LOUIS XVI,

SUIVIE

D'UN DISCOURS SUR LA LOI SALIQUE.

DÉFENSE
POUR LOUIS XVI,

SUIVIE

D'UN DISCOURS SUR LA LOI SALIQUE,

PAR P. E. REGNAUD,

ANCIEN AVOCAT EN PARLEMENT.

« Lorsque tant de gens sortent de leur rang pour faire le mal, il peut m'être permis de sortir du mien dans l'espérance de faire le bien. » (*Lettre de M. Burke le fils au Roi.*)

La Convention ayant permis, par son décret, *à tout Français* de se présenter pour défendre Louis XVI, je me suis fait annoncer dans le *Moniteur* et dans la *Gazette générale de France* pour être inscrit sur la liste de ses défenseurs.

Voici ma Défense, imprimée en décembre 1792, chez Girouard.

PRIX : 30 SOUS.

A PARIS,

CHEZ L'AUTEUR, RUE DES SAUSSAIES, Nº. 11.

DE L'IMPRIMERIE DE L. G. MICHAUD,

RUE DES BONS-ENFANTS, Nº. 34.

M. DCCC. XIV.

DISCOURS
AUX FRANÇAIS,

*Sur l'abolition de la royauté, le procès
du Roi, et sur la révolution.*

  . . . . Rege incolumi, mens omnibus una est ;
  Dira, sub infelici, vextat discordia, cives.

En lisant, il y a quelques années, les
annales de notre histoire, nous étions
aussi surpris qu'humiliés, des troubles
et des divisions intestines qui avaient
fait gémir nos pères ; nous plaignions
leur sort, nous répandions des larmes
amères sur leur cruelle destinée ; des
jours heureux et sereins qui coulaient
pour nous, et sur-tout un degré de lu-
mière et d'esprit qui distinguait notre
siècle des précédents, nous amenaient
insensiblement à faire une comparaison
avantageuse, et à remercier l'Être su-

prême de n'être point nés dans des temps aussi malheureux.

Hélas ! combien nous avons abusé de notre esprit, comme nous avons mal appliqué nos connaissances ! Un court espace a troublé tout notre bonheur ; quel changement il a amené dans notre position ! quelle révolution il a faite dans nos mœurs ! comme il a divisé nos esprits , et quel déluge de maux il a répandu sur la surface de ce royaume ! Depuis moins de quatre années, nous éprouvons tous les maux que nos pères ont soufferts en plus de mille ans ; nous avons commis plus de crimes, et de plus grands que l'Empire français n'en avait encore vu depuis sa fondation, dont l'origine remonte, à l'étonnement de l'univers, à quatorze siècles ; et nos malheurs comme nos crimes sont d'autant plus irritants, qu'ils se pressent, qu'ils s'accumulent dans ce court espace de temps ; et voilà que nous venons d'y mettre le comble, en portant une main sacrilége sur le trône, et en osant accuser le plus doux comme le plus juste des rois qui s'y soit encore assis, depuis l'origine de la monarchie.

Malheureuse nation ! fallait-il donc encore te rendre coupable *du plus grand de tous les crimes;* car c'est le nom que, dans sa juste douleur, ce prince infortuné, en fuyant le danger, a donné au projet sacrilége que l'on voulait exécuter dans la matinée du 10 août; ce nom restera à jamais dans la postérité, pour notre douleur comme pour notre honte.

Voilà donc où les Français en sont venus : du plus doux des peuples, il est devenu le plus féroce ; du plus fidèle et du plus heureux, il s'est rendu le plus rebelle et le plus malheureux. Ce peuple, naguères si attaché à ses rois, a perdu en un instant ses heureux sentiments; et après avoir humilié, abreuvé d'outrages et de mépris son seigneur et son souverain, il le rejette du trône.... il

fait plus, il ose dans son délire l'accuser, le citer à son tribunal *pour le
juger.*

A ce mot, tout mon sang se glace,
mes yeux se troublent ; je me demande
à moi-même où je suis, quel pays j'ha-
bite, et dans quelle contrée de l'univers
je me trouve transporté ? Je ne recon-
nais plus mon pays, mes concitoyens ;
et mon ame oppressée reste anéantie
sous le poids de sa douleur. Ce n'est
point cet homme juste que je plains ;
la vertu sait se suffire à elle-même ;
c'est la nation, ce sont mes concitoyens, qui s'oublient jusqu'à se porter
à ce dernier excès du crime.

Depuis l'existence du monde connu,
l'histoire ne nous fournit qu'un pareil
exemple chez un peuple voisin ; son
crime a effrayé la nature ; des mères
lui ont rendu d'effroi, avant le tems
marqué, le fruit qu'elles portaient
dans leur sein ; des hommes en ont
perdu l'esprit, d'autres en sont morts

de langueur et de douleur. A peine le crime commis, les sujets ont ouvert les yeux, mais trop tard, sur le plus grand attentat que le soleil eût encore éclairé; la honte, la douleur, le repentir, les remords se sont emparés de tous les cœurs, et cette nation aveuglée, mais noble, grande et juste, a cru devoir réparer ce crime horrible avec un appareil non moins grand que le forfait; elle s'est imposée et à toute sa postérité un jour de jeûne, un jour de deuil et de douleur, dans lequel les enfants expieraient le crime de leurs pères. Nous connaissons le crime, connaissons donc aussi la pénitence; et avant de le consommer, ouvrons les yeux, jetons un regard sur nous, et rentrons en nous-mêmes.

Les périls qui environnent dans les temps de troubles et d'anarchie les fidèles sujets, ne suspendront ni mon devoir, ni mon courage : mon devoir est de défendre mon souverain aux dépens de mes jours; et mon courage est d'éclairer la nation, et de l'arrêter au bord du précipice où elle est près dé tomber.

AU MOMENT où la PLUS GRANDE partie de la nation s'est réunie et comme portée d'elle-même à demander à son souverain la tenue des états-généraux, il s'en faut que la situation de la France fût dans un état qui nécessitât ce grand remède. Honorée et respectée au-dehors, heureuse au-dedans sous le gouvernement d'un prince doux et modéré, elle était l'objet de l'envie de ses voisins; et ce n'est pas trop dire, que d'avancer que de tous les peuples répandus sur la terre, le peuple français était celui qui, sous tous les rapports, menait la vie la plus douce et la plus tranquille. Un grand nombre d'abus, il est vrai, s'était glissé dans le gouvernement, dans tous les ordres de la société; un luxe immodéré, une dépense trop forte, proportionnément au revenu, faisaient craindre que les finances ne se dérangeassent, et n'apportassent du trouble

dans l'Etat. Mais que le remède était
facile et aisé! Un peuple doux, très attaché à ses rois, reconnaissant dans
celui qui le gouvernait un goût inné
pour la réforme et l'économie, parais-
sait alors disposé à faire les plus grands
sacrifices; et je le dis, parce que c'est
la vérité, si ceux qui conseillaient
alors le prince eussent agi franche-
ment et à découvert, eussent montré le
mal, les sujets de tous les ordres étaient
disposés à faire les plus grands efforts
pour réparer le *déficit* des finances.
Mais il semble qu'un malheur inévi-
table ait voulu précipiter cette trop
heureuse nation dans tous les maux que
nous voyons. Des esprits ambitieux se
sont flattés qu'au milieu des troubles,
ils se rendraient importants et néces-
saires; d'autres, sans mauvaise inten-
tion, mais épris d'un violent amour-
propre, et se croyant des génies, pour
réformer les gouvernements, se sont
réunis aux premiers. Les français de

tous les ordres ont désiré, d'un commun accord, la tenue des états-généraux ; chacun en particulier ayant déjà dans sa tête les plans de réforme qu'il voulait proposer ; car, dans les commencements, on était bien éloigné d'avoir d'autres idées ; et qui que ce soit n'a eu en vue, ni pu prévoir tout ce qui est arrivé, et ce que nous voyons.

Voilà donc où nous a conduit cet esprit de philosophie répandu parmi nous, depuis un certain nombre d'années, de nous croire des génies supérieurs à nos pères, propres à tout réformer, à tout changer. Ce délire nous a aveuglés au point que nous sommes tombés dans le précipice, sans savoir aujourd'hui comment nous en tirer. Venez, philosophes du dix-huitième siècle, venez, législateurs insensés de la première assemblée, venez contempler vos œuvres, venez admirer votre ouvrage ; du plus beau royaume de l'univers, du plus florissant, du mieux policé, vous en avez fait un chaos, vous avez détruit l'ordre et l'harmonie, pour y substituer le désordre et l'anarchie ; et si la providence ne daigne jeter sur nous un regard de pitié, et nous susciter un de ces génies, dont de temps à autre, elle a orné le monde, et principalement la France, tel qu'un d'*Amboise*, un l'*Hôpital*, un *Sully*, ce beau royaume va disparaître de la surface de la terre, et peut entraîner dans sa chute la dissolution de tous les Empires et le malheur de tous les peuples.

Que nous étions loin de prévoir les maux qui nous accablent, lorsque tous les ordres de l'état ont demandé au souverain la tenue des états-généraux ! Car c'est une loi de l'état, aussi ancienne que la loi Salique, de ne pouvoir se réunir en états-généraux que du *consentement du souverain*, et cette loi consentie par nos pères, a son principe dans l'ordre et la tranquillité du gouvernement ; autrement le gouvernement se trouverait sans cesse exposé aux troubles et aux divisions. Aussi la nation a-t-elle rendu hommage au principe, en portant son vœu au pied du trône, pour la tenue de cette grande assemblée.

L'histoire nous prouve que les états-généraux n'ont presque toujours été demandés que dans des temps de troubles et de calamités, et que presque toujours il n'en est résulté aucun bien. Quelques-unes de ces assemblées ont produit de violentes secousses qui ont troublé pour long-temps l'assiette du gouvernement. Il n'est pas que les hommes d'état qui se trouvaient en 1788 auprès du trône, n'aient fait ces sages réflexions ; mais un souverain doux, qui cherchait, par toutes sortes de moyens, à faire le bien de ses peuples, et qui a cru l'entrevoir dans cette assemblée, l'a permise. « Votre » conduite actuelle, Français, n'est pas » la récompense qu'il devait attendre » d'une si belle action. » Le roi a donc ordonné cette assemblée; mais la grande faute qu'on lui a fait faire, et qui a préparé tous les malheurs, est la manière nouvelle et insolite avec laquelle cette assemblée a été composée, en doublant les membres de l'ordre du Tiers. Il était impossible que cette manière de composer les états, n'apportât pas les plus grands troubles et les plus grands désordres, dès l'instant qu'un parti était assez puissant pour entraîner la balance de son côté. Aussi a-t-on vu que, dès le mois de décembre 1788, les parlements, ces gardiens des lois antiques et fondamentales, ces colonnes de l'état, ont remontré les dangers qui environnaient cette nouvelle manière de convocation; et les sages ont élevé la voix pour en démontrer tous les inconvénients (1). Mais les sages sont rarement écoutés.

On peut dire que c'est la première,

---

(1) Remontrances des princes du sang en décembre 1788, et autres écrits à cette époque.

et la plus grande de toutes les fautes, celle qui nous a amenés insensiblement au point de destruction et d'anarchie où nous sommes; et à la rigueur même, cette faute peut et doit être considérée comme une nullité absolue dans cette convocation, parce que le Souverain qui convoquait n'avait pas le droit d'apporter seul ce changement.

Du reste, les assemblées primaires se sont faites, comme dans les précédents états-généraux; la nation y a rédigé ses cahiers de doléances, remontrances et représentations; et c'est dans ces cahiers qu'il faut chercher le vœu manifeste des Français. Or, que voit-on dans ces cahiers? le respect, et le maintien du culte et de la religion de nos pères, le maintien du gouvernement monarchique, l'obéissance à son Souverain, et l'ordre de la succession inviolablement gardée dans la famille régnante; la distinction des trois ordres maintenue et très clairement exprimée. Voilà les vœux

de la nation, manifestés dans ses cahiers,
voeux que les mandataires qu'elle a en-
voyés aux états-généraux ont juré d'ob-
server et d'exécuter. Ces cahiers sub-
sistent; il n'est question que de les ouvrir, que de les lire, les confronter, les
rapprocher, pour voir qu'ils sont tous
conformes, et qu'ils se rapportent tous
à ces trois points principaux. Qu'on ex-
plique actuellement comment il est possible d'admettre que des mandataires
que l'on envoie à une assemblée avec
des ordres prescrits, marqués, distincts,
ayent pu fouler aux pieds ces ordres,
respecter si peu leurs commettants, que
de ne rien exécuter de ce qu'ils leur ont
prescrit; et comment, de simples mandataires qu'ils étaient, ils ont pu s'ériger
en souverains, en législateurs, sans égard
pour leurs serments? Aussi est-il démontré, qu'à compter du 17 juin 1789,
jour où les états-généraux ont anéanti
leurs mandats, pour se créer en *assemblée constituante et législative*, que de

ce jour, tout ce que cette assemblée a fait, est nul de droit, et tombe de lui-même. Cette nullité a été démontrée si clairement dans de solides écrits, que ce serait abuser de l'attention de nos lecteurs, que de chercher ici à l'établir. Si donc tout ce que les états-généraux ont fait, sous le nom d'*assemblée constituante et législative*, depuis le 17 juin 1789, est nul, il s'ensuit que la destruction de la religion et de son culte, que l'abolition de la royauté, que le procès qu'on intente au roi sont également nuls et ne sont point le vœu des Français.

Aussi, comme tout ce que cette assemblée et les subséquentes ont fait, était nul, injuste, contraire aux principes et aux ordres de la nation, il n'est résulté que désordre, confusion, anarchie. Certes ! je ne retracerai point ici toutes les horreurs commises pour soutenir un système aussi insensé que cruel et atroce ; je dirai seulement que deux hommes se sont rencontrés pour con-

duire à ses fins un aussi horrible projet ; l'un, d'une noirceur d'esprit incon-
cevable, aussi grand scélérat que mauvais politique , hardi à concevoir le
crime , lâche dans l'exécution ; d'une
audace à effrayer même ses complices,
qui l'en ont puni, pour lui donner une
nouvelle existence par l'apothéose qu'ils
lui ont faite , en voulant faire regarder
comme un dieu , celui qu'ils avaient
craint comme homme ; l'autre d'un esprit présomptueux, extraordinairement
prévenu en sa faveur (1), jouant l'hon-
nête homme dans ses écrits , au fond
peut-être pouvant l'être ; mais se croyant
un homme d'état , tandis qu'il est absolument dépourvu des grands traits qui

____

(1) J'apprends dans le moment, par les papiers publics, que cet étranger veut encore se mêler de nos
affaires, et qu'il vient, dit-on, de faire paraître une
Défense pour Louis XVI. En vérité ! c'est bien à celui
qui a conduit le roi dans le précipice où il est, à vouloir entreprendre sa défense. Mais voilà l'homme vain
et présomptueux !

le caractérisent ; s'étant abusé lui-même comme il avait abusé les autres, et principalement son Souverain ; justement puni par la nullité où il s'est vu abandonné ; en proie aux justes remords que son caractère vain lui avait préparés ; mort civilement pour la France, où il était étranger, en attendant qu'une mort de langueur vienne mettre fin à ses tristes jours. Voilà les deux hommes qui ont préparé nos malheurs : l'un, par l'effet d'une mort forcée, n'a point joui de ses crimes ; l'autre, traînant le reste de ses jours dans une vie languissante, est puni à chaque instant par sa vaine présomption : tous les deux, par des caractères bien différents, ont laissé un grand peuple dans l'anarchie et dans le désespoir.

Il est constant qu'avant la tenue des états-généraux, la France était dans une situation brillante par son gouvernement, heureuse sous son Souverain ; et que, depuis que les états se sont trans-

formés d'eux-mêmes en *assemblée constituante et législative*, il n'en est résulté que désordre et confusion, qui
nous ont conduits où nous sommes. Quel
nom, en effet, donner au gouvernement
monstrueux sous lequel nous vivons, si
même on doit l'appeler gouvernement !
Voilà où l'esprit de système nous a conduits, tandis que sous le gouvernement
de nos rois, tout marchait en ordre, et
que nous étions tous heureux. Il semble
cependant qu'il serait temps d'ouvrir
les yeux, et de ne point s'opiniâtrer à
suivre un plan, où plus on avance, plus
on se perd.

Deux fautes principales nous ont conduits à ce chaos, à ce désordre, à cette
confusion, dans lesquels, comme dans
une mer orageuse, nous nous débattons
en vain : la destruction de la religion et
de son culte, et l'abolition de la royauté.

Quant à la destruction de la religion
et de son culte, cette matière a été trai-
tée si à fond par des plumes savantes ;

la religion fait un objet si important dans la politique du gouvernement, qu'on a démontré clairement qu'un état tel qu'il soit, ne peut subsister sans elle. La nôtre est si belle, sa morale est si pure, ses principes si divins, les conséquences qui s'en tirent si utiles à la tranquillité des gouvernements, que l'on peut dire que si cette religion sainte et ses préceptes n'eussent point encore existé, il aurait fallu les créer pour le bonheur des peuples et la tranquillité des états. Si quelquefois on s'est servi de son prétexte pour troubler le gouvernement, c'est une suite et l'effet des passions humaines. Il y avait bien dans la hiérarchie civile, des abus essentiels à réformer : tout le monde s'y attendait, et cette réforme eût été très facile; mais qu'il y a loin d'une réforme à une destruction ! Ce n'est jamais ainsi qu'ont opéré les grands génies ; qu'il y a loin encore d'une réforme à une persécution, telle que l'histoire de l'Église n'en rapporte pas de pareille ! De quel deuil ont couvert la France, les journées des 2, 3 et 4 septembre et jours suivants ! Si à peine les crimes commis, chacun en rougit et les désavoue, de quelle horreur en seront pénétrés nos descendants, lorsque ces atrocités souilleront les pages de notre histoire ? Mais tirons le rideau sur ces faits, ce sera à la postérité à les rapporter.

Passons à l'abolition de la royauté. C'est peut-être, en politique, la plus grande faute que l'on ait pu faire ; car il est démontré qu'il est impossible qu'un état comme la France puisse se passer d'un chef, et se gouverner par lui-même. L'expérience que l'on a faite depuis trois ans, le prouverait assez, si les faits, si l'histoire, si un bon jugement ne le démontraient. Voyez ce qu'est devenue, en moins d'une année, *cette constitution* que la première assemblée avait faite, qu'elle avait fait jurer de maintenir, sous les plus grands

serments; et dont elle avait laissé *le soin
et la garde aux pères de famille et
aux jeunes gens ; à laquelle on ne devait toucher qu'après la période révo-
lue de trois législatures :* dès la seconde
qui, avant d'entrer en fonctions, avait
juré de la garder et de la maintenir, on
n'y a pas fait la moindre attention ; la
troisième, qui est celle actuelle, l'a encore moins suivie. Comme la première,
elle se prépare à en faire une nouvelle,
qui sera également détruite par les législateurs qui suivront ; parce qu'il est
dans l'essence d'un nombre d'hommes
assemblés, de ne trouver rien de bien
de ce qu'ont fait les autres ; qu'il est
dans l'homme de vouloir faire tout par
lui-même ; et alors ce que l'un fait,
l'autre le détruit, et ce sera toujours là
le cercle vicieux que décriront toutes
les assemblées qui suivront, de détruire
ce que leurs prédécesseurs auront fait,
ayant toujours la sotte vanité de croire
faire mieux ; telle est la nature de

l'homme. S'il fallait que l'anarchie où
nous sommes pût durer encore un certain nombre d'années, on verrait chaque
législature vouloir essayer une nouvelle
forme de gouvernement, jusqu'à ce que
les Français, las et fatigués, vinssent
enfin se reposer dans leur premier état,
le gouvernement monarchique.

Combien plus, en effet, ce gouvernement paternel était heureux pour les
peuples ! Il était chez nous le résultat
de combinaisons de quatorze siècles
successifs, dans le nombre desquels il
avait paru, de temps à autre, de sages législateurs qui avaient porté des lois
propres à consolider la base de ce gouvernement nécessaire à un grand peuple.
Et qu'on ne s'y trompe pas, ce n'est pas
en une année qu'un sage gouvernement
s'établit sur de solides fondements ; ces
essais sont bons en théorie, dans un
livre ; ils sont les rêves d'hommes dé-
sœuvrés ; il faut des siècles et des
siècles successifs pour combiner, ré-

former, détruire, créer, recréer tout ce qui est nécessaire pour en faire résulter le bonheur des peuples; et à cet égard un long espace de quatorze cents ans durant lequel on avait sans cesse travaillé, agi, pensé, réfléchi, médité, avait fondé pour nous le plus naturel comme le plus juste des gouvernemens, pour une grande multitude d'hommes, et pour un grand état.

Les nouveaux législateurs qui ont détruit en un instant cette antique forme de gouvernement, ont donc commis une grande faute en politique; au fond, ils ont commis encore la plus grande des injustices; car la souveraineté dans la famille régnante, était un droit acquis par dix siècles de consentement de la nation, confirmé de temps à autre par des événements qui y ajoutaient encore un nouveau degré de force, tels que ceux arrivés sous Charles VII, sous Henri IV; dans la tenue de différents états - généraux, où le droit de cette famille avait toujours été maintenu, conservé, notamment dans ceux tenus sous Louis XII, où le surnom de *père du peuple* lui fut décerné unanimement par la nation assemblée qui lui demanda sa fille pour l'héritier présomptif dans la branche régnante. Il n'était donc pas de possession plus juste et plus légitime, qui présentât un droit plus certain, mieux acquis, une propriété plus sacrée, dont la nation même assemblée n'aurait pu priver le souverain, parce que jamais ce vœu n'aurait pu être unanime, et que cette famille avait pour elle le consentement unanime de nos pères, pendant dix siècles. Mais loin que le vœu contraire se soit manifesté dans les assemblées primaires en 1789, il a été clairement et expressément énoncé dans tous les cahiers ; il a été une ratification marquée de celui de nos ancêtres : or, les assemblées primaires sont la source d'où découlent les vœux de la nation. Tous les cahiers veulent, confirment, ratifient le droit à la couronne dans la famille qui nous gouverne. Il était donc impossible d'aller contre ce vœu, qui était formellement exprimé, comme ordre aux mandataires; et ce vœu était si précis que l'assemblée *constituante* même, n'a pas osé s'en écarter, malgré qu'on entrevît bien où elle en voulait venir. Un des premiers articles de la *constitution*, est le maintien de la monarchie dans la famille régnante. Il en résulte que la seconde et la troisième assemblée n'ont pu porter atteinte à ce vœu textuellement exprimé dans les cahiers, et respecté même par la première.

Ce serait une vraie dérision de prétendre que ce vœu s'est manifesté contraire dans les sections. Depuis que sous le nom de *section* et de toute autre assemblée, les vrais français ont reconnu une réunion d'*anti-royalistes*, qu'il n'y avait point de sûreté pour eux de s'y joindre, et que tout sujet attaché à son

prince , y était désigné sous le nom d'*a-
ristocrate* , qui a été si utile à la révolution, parce que le peuple donnait à ce
nom une application contraire à son véritable sens ; les français , disons-nous,
ne se sont plus présentés à ces assemblées. Ainsi, il est vrai de dire que depuis les assemblées primaires en 1789,
on n'a point eu le vœu de la nation,
mais bien celui des anti-royalistes. Pour
le démontrer, il n'en faut donner qu'une
preuve bien sensible : c'est que dans
Paris, où il y a au moins cent cinquante
mille votants pour les élections, le nombre n'a cependant jamais passé dix à
douze mille ; et dans le moment où j'é-
cris, et que les sections sont assemblées
pour la nomination d'un maire, je vois
que le résultat des scrutins ne va pas à
dix mille; que même il y a quelques
sections qui ne prennent point part à
cette élection, quoique cependant cette
place soit la première dans la capitale.
Il en résulte que ce sont les anti-roya-

listes seuls qui énoncent leurs voeux, et
que le voeu contraire de la partie de la
nation qui garde le silence et qui n'ose
se montrer, malgré son grand nombre,
est vingt fois plus considérable; donc ce
sont les seuls anti-royalistes qui conduisent tout dans ces temps de troubles.
Ces vérités sont dures, mais il faut avoir
le courage de les énoncer, si l'on veut
faire ouvrir les yeux à la nation. Je ne
veux accuser ni mécontenter personne;
je ne nomme ni la faction, ni les chefs
de la faction; malheur à celui qui vou-
drait mal interpréter mes sentiments!
Mais je ne dois pas céler la vérité,
puisque j'ai le courage de parler dans
une si grande cause, et qui intéresse
tous mes concitoyens. Il résulte qu'on
ne peut opposer un voeu contraire à celui des cahiers, sur le maintien de la
royauté; à plus forte raison ne pourra-
t-on en présenter un qui autorise l'accu-
sation du roi et de la reine, et qui prouve

que jamais les français aient songé à
faire le procès à leurs majestés.

——— —

C'EST sur - tout ici que j'ai besoin
de rassembler mes forces, de déployer
mon courage; c'est la vertu inhumai-
nement persécutée que je vais défendre; j'ai les droits de mon souverain
à faire valoir, et je veux éviter à mes
concitoyens la honte de se souiller du
plus grand de tous les crimes.

Tel est l'effet des principes que j'ai
sucés en naissant, que j'ai nourris avec
l'âge, mûris et fortifiés par l'étude et la
réflexion, parce que j'ai toujours regar-
dé ces principes comme les seuls vrais,
comme étant les seuls qui puissent con-
tribuer au bonheur de tous : c'est d'ho-
norer et de respecter son souverain, de
voir en lui une image de la divinité sur
la terre, faite pour le bonheur des
hommes. Ce sentiment est tellement inné dans mon ame, que dans ce moment

même, je sens en moi un certain saisis-
sement qui me reproche ma hardiesse
à oser traiter ce sujet sacré. Il me
semble que je porte une main profane
et téméraire sur l'arche sainte.

Permettez-moi donc, Sire, mon souverain seigneur et mon roi, de me jeter
à vos pieds pour demander grâce à votre
majesté, des efforts que je vais faire
dans cette cause qui intéresse si essen-
tiellement votre personne sacrée ; par-
donnez ma hardiesse à me présenter
devant vous, à oser lever ce voile saint
qui couvre vos actions, rendre publiques
des choses que je devais sans cesse respecter dans le silence. Encouragez, Sire,
votre fidèle sujet ; daignez jeter sur lui
un regard de bonté ; veuillez lever votre
main sacrée sur ma tête, pour bénir
ma personne, et soutenir mes nobles
efforts.

Ah ! de quelle matière est donc composée leur ame ! Quel cœur ont-ils
donc ? sous quel climat de la nature

sont-ils donc nés, ceux qui disent *que Louis XVI ne règne plus sur les cœurs français, qu'il n'a plus de fidèles sujets* (1), *qu'il n'en est plus d'attachés à sa cause?* Est-ce encore un raffinement de cruauté de leur part pour percer le cœur de ce prince infortuné, par l'endroit le plus sensible ; et dans l'état de déchirement et de douleur où est son ame , aggraver encore ses peines et ses tourments ; ou est-ce parce que, détenu au fond d'un cachot, humilié, abandonné, persécuté , abreuvé d'outrages et de mépris, il semble être le jouet de la populace? Ce prince malheureux n'en est que plus respectable aux yeux de ses fidèles sujets; ils reconnaissent toujours en lui leur souverain seigneur et leur roi, et ils honorent sa vertu.

LA CONVENTION nationale a dé-

______

(1) Expressions des journaux du temps sur le procès du roi.

crété qu'elle se réservait le jugement de Louis XVI. Ce premier décret est aussi nul qu'injuste. En supposant, ce qui serait déjà un premier crime, que le roi pût être jugé par une portion quelconque de ses sujets, la première réflexion qui se présente est que la convention ne peut être son juge, par la raison que c'est elle qui l'accuse; que les dénonciateurs sont dans son sein : or, en matière criminelle, on ne peut confondre l'accusateur et le juge, ces deux qualités impliquent contradiction, et vouloir les allier, c'est vouloir révolter tous les esprits.

Une seconde réflexion, aussi forte au fond que la première l'est dans la forme, c'est qu'il ne peut y avoir ni juges, ni accusateurs contre un roi dans ses états. Je défie la convention d'en citer aucun exemple dans l'histoire, autre que celui que j'ai rapporté au commencement, de Charles I. Mais si la nation anglaise a commis ce crime horrible, elle l'a ré-

paré par une pénitence perpétuelle;
ainsi ce ne peut être un exemple à citer,
et si on voulait s'en étayer , il viendrait
à l'appui de la défense de la cause de
Louis XVI. Eh ! pourquoi des sujets ne
peuvent-ils juger leur souverain? Parce
que s'ils avaient ce droit, il n'aurait jamais été leur souverain ; il aurait toujours été lui-même soumis à eux ; et
cette forme monstrueuse dans un état ,
ne présenterait plus un gouvernement ;
ce droit établi dans un état , le rendrait
sur-le-champ anarchique et sans consis-
tance. Aussi les peuples ont-ils toujours
investi leurs souverains d'une inviolabilité qui les met à l'abri de toutes recher-
ches personnelles. Voyez les anglais
eux - mêmes, dans leur constitution ,
comme ils honorent, comme ils respectent leur roi; ils l'ont environné de
tout l'éclat du trône, de toute la pompe ,
de toute la majesté royale; ils le servent
à genoux , c'est pour eux une divinité
sur terre ; et ils ont eu raison , parce

que c'est cette politique, ce respect extérieur qui maintiennent l'ordre et la subordination. Mais, disent les anti-royalistes, il s'ensuit donc que les rois ont le pouvoir de faire impunément tout le mal qu'ils veulent? D'abord il est difficile de croire que des rois, dont l'autorité est semblable à celle des pères sur leurs enfants, veuillent faire le mal pour le plaisir de le faire : il s'en trouve peu d'exemples. Mais s'il fallait que cela arrivât, ce serait un malheur qu'il faudrait souffrir, parce que cette forme de gouvernement le préserve de beaucoup d'autres maux qui naîtraient du contraire. Enfin il n'est pas vrai que les rois puissent faire impunément le mal ; ils le font quelquefois par de mauvais conseils, par de mauvais ministres, qui abusent de leur confiance ; mais des ministres sont toujours et ont toujours été responsables. L'histoire nous fournit mille exemple de ministres punis par les rois sur les plaintes de leurs sujets, pour avoir abusé de la confiance de leurs souverains, et avoir fait le malheur de leurs peuples. C'est ainsi que les rois expient la faute du mal dont ils ont été la cause innocente par un mauvais choix. Voilà l'explication de l'inviolabilité des rois, qui n'est point un malheur pour les peuples, qui est absolument nécessaire pour l'ordre et la tranquillité du gouvernement, pour maintenir sans cesse le respect que l'on doit à la personne du souverain. Que serait-ce en effet qu'un souverain qui serait soumis à rendre compte de ses actions, qui pourrait être accusé, traduit devant ses sujets, et jugé par eux? Le respect s'éloignerait de sa personne; elle ne serait plus environnée de cette majesté qui importe tant à la tranquillité et à la sûreté des états. Cette inviolabilité est si nécessaire, que la première assemblée en avait fait un article essentiel de sa constitution que la législature suivante avait juré de mainte-

nir, des pouvoirs de laquelle constitution cette législature n'avait été investie
que sur la foi des serments, et *dont le
soin avait été confié aux pères de famille et à la jeunesse, dans le cas où
cette législature ou les suivantes vien-
draient à violer leurs sermens*, ce qui
cependant est arrivé.

Quand j'oppose ici un article essentiel de la constitution, ce n'est pas que
je veuille défendre le roi *par la constitution;* s'il fallait la suivre, il serait
impossible de l'accuser et de le juger.
Le plus grand mal que ceux qui ont ap-
proché de sa personne, et qui l'ont
conseillé, aient pu faire, c'est de lui
faire entendre qu'il pouvait accepter la
constitution, et régner suivant elle. On
le faisait renoncer à des droits sacrés et
imprescriptibles, qui se perdent dans la
nuit des temps, pour tenir sa couronne
d'un évènement du moment. Au surplus, son acquiescement était absolument nul, parce que c'est une loi fonda-

mentale de l'état, qu'un roi n'est qu'un usu-fruitier, que la couronne est sub-stituée à ses descendants, pour la rendre entière et intacte; mais c'est toujours une faute que le roi ait pu paraître con-sentir à cette constitution. Je regarde ceux qui lui ont conseillé de prêter le serment au 4 février 1790, comme les auteurs des malheurs sans nombre dans lesquels ce prince infortuné n'a cessé d'être ensuite précipité! Un prince ne doit jamais faire de serments dont il puisse se repentir, et qu'il puisse être dans la nécessité de fausser. Il fallait des conseils plus fermes, celui de se pré-senter à l'assemblée constituante, et lui dire *qu'elle n'avait pas le droit de faire ce qu'elle faisait, qu'ils n'étaient que les mandataires d'une nation qui d'a-vance avait désavoué leurs entreprises.* Ce conseil sage et ferme qu'il eût fallu donner au roi au mois de février 1790, pour le bonheur de la France, — eh bien! je le donne aujourd'hui au roi, moins pour le bonheur de la France, parce que les temps ne sont plus les mêmes, que pour sa dignité personnelle, pour son honneur et la majesté du trône. Si la convention ose le citer à son tribunal, c'est alors de lui opposer sa nullité, c'est de renouveler la protestation qu'il a fait paraître le 21 juin, en quittant sa capitale. Cet acte restera à jamais comme un monument des violences qu'on lui a faites, comme une preuve de la captivité qu'il a soufferte, en même temps qu'une preuve de sa liberté aussitôt qu'il a pu en jouir. Juger aujourd'hui le roi d'après cet acte, serait le comble de l'injustice, parce que cet acte était une suite de sa position. Tout prisonnier violenté et détenu injustement, proteste aussitôt qu'il est libre. On ne peut lui opposer aucune démarche faite durant sa captivité, pas même ses sermens; c'est le premier moment de sa liberté qui décide de ce qu'il a fait et pensé. Le roi se voyant au moment d'être libre, l'a cru, et il a manifesté publiquement ses sentiments. Que sa protestation soit de lui-même, qu'elle lui ait été suggérée, elle sauvera un jour la France. Les fidèles sujets se rallieront à ce signe de la fermeté de leur roi. Si par des conseils timides et pusillanimes qui ont perdu jusqu'à ceux qui les ont donnés, cet infortuné prince a fait des fautes, il a fait d'un autre côté deux grandes actions : sa déclaration du 23 juin 1789, sa protestation du 20 juin 1791, resteront à la postérité, pour sa gloire, et serviront à sauver la monarchie.

Au surplus, les fautes que ce prince a faites, et qui le regardent personnellement et sa famille, ne peuvent être imputées à faute de sa part envers la nation. Sa bonté, un caractère humain, son attachement pour ses peuples ne lui ont jamais permis de prendre un parti ferme et vigoureux; il a toujours craint de voir la guerre civile s'élever au milieu de son royaume ; il a préféré son malheur personnel, celui de sa famille, celui de ses fidèles serviteurs, à la possibilité qu'il aurait pu avoir, de conserver ses prérogatives aux dépens du sang de ses peuples.

C'est ici que je vous interpelle, esprits exaltés, censeurs outrés, qui taxez de faiblesse et de pusillanimité ces heureux sentiments de bonté, de douceur de votre roi envers ses peuples ! Il faut être roi pour connaître l'étendue et le devoir de cette dignité suprême. Ce n'est point à nous, du point éloigné où nous sommes, à juger la profondeur des desseins de notre souverain ; il a pu dans sa bonté ne compter pour rien la perte d'une portion de ses droits, quand il fallait les maintenir au prix du sang de ses sujets. D'ailleurs les sentiments d'humanité ne se commandent point ; la nature a donné aux uns un courage bouillant, exalté ; aux autres un esprit calme, mais ferme et constant dans les dan-

gers ; elle s'est plu à répandre sur quel-
ques-uns, ces traits de bonté qui distin-
guent ces êtres privilégiés : elle en est
avare, il est vrai ; mais comme elle est
généreuse, quand elle répand ces dons
précieux sur un roi ! Si des milliers de
Français ont déjà péri dans cette révolution, le cœur du roi ne peut se reprocher volontairement le sang d'aucun ;
il a toujours cru qu'il épargnerait le
sang de ses sujets.

Ah ! Français, pouvez-vous en dou-
ter ? quand les factieux demandaient à
grands cris la guerre étrangère, lui seul,
dans son conseil, s'y opposait. Vous l'a-
vez vu, ce prince, votre seigneur et votre
souverain, venir déposer dans le sein
de l'assemblée sa protestation contre la
guerre, énoncer que c'était contre son
vœu, contre son avis qu'on l'entrepre-
nait, qu'il rendait son conseil et l'assemblée responsables de tout le sang qui
allait être versé. Hommes ambitieux,
esprits inquiets, c'est vous qui êtes au-

jourd'hui responsables, c'est vous qui devez compte à la nation de tout le sang qui se répand. Vous remportez des victoires!.... ah ! tristes victoires, fatals lauriers, teints du sang des Français! Que ces conquêtes vous coûtent cher! Et qui vous répond de leur durée? Mais je m'arrête; je ne veux point affliger ma nation par des pronostics qu'on pourrait mal interpréter.

Je dis que depuis l'origine de la monarchie, jamais prince plus humain, plus doux ne s'est assis sur le trône dont vous voulez le faire descendre, et que jamais prince par sa bonté, par sa bienfaisance, ne mérita mieux de l'occuper. Comme vous étiez heureux, Français, sous son gouvernement doux et modéré! Que vos jours coulaient tranquillement et paisiblement ! Des abus inséparables de tout gouvernement et de l'humanité se faisaient quelquefois sentir, mais ces abus, ces actes d'autorité atteignaient-ils jamais le peuple qui a fait la révolution, atteignaient-ils cette capitale qui était sans cesse au milieu des fêtes, des spectacles et des plaisirs ? Elle était le rendez-vous de toutes les nations; les peuples de tous les pays venaient y jouir de toutes les félicités que l'homme avait pu inventer : ils y apportaient les richesses et l'abondance; et c'est cette ville qui a fait la révolution !

C'est elle qui, dans l'hiver de 1788, un des plus rigoureux de mémoire d'homme, n'a pas souffert un seul jour; les canaux de l'abondance n'ont cessé de couler pour elle. Quel infortuné oserait se présenter, et dire qu'on lui a refusé du secours ? Des pasteurs charitables, (hélas ! qui ne sont plus pour vous, ou qui sont comme n'étant plus, puisqu'ils sont privés de tous les moyens) vous portaient, indigents, dans vos réduits de quoi étancher votre soif, appaiser votre faim, réchauffer vos femmes et vos enfants. Est-ce donc là, ville ingrate, la récompense que vous réser-

viez aux riches, à vos pasteurs, à la religion, cette consolatrice des affligés,
cette source de toute bonté et de toute
justice ? Vous avez massacré les riches,
brûlé leurs châteaux; vous avez égorgé
vos pasteurs, et ceux qui vous restent,
vous les réduisez à la mendicité!

Que celui qui a dit en 1790, au peuple qui venait demander du pain à son
roi « quand vous n'aviez qu'un roi, vous
» étiez heureux, vous ne manquiez pas
» de pain ; aujourd'hui que vous en
» avez douze cents, vous vous plaignez,
» vous êtes malheureux », a dit une
grande vérité ! Avec quel ordre la po-
lice veillait à la fourniture générale,
tout le peuple était heureux; et aujour-
d'hui s'il fallait jeter un regard sur nos
maux, sur les crimes qui nous environnent, on reculerait d'horreur à ce spec-
tacle. Que de sang a coulé dans les murs
de la capitale et dans le royaume, depuis l'époque du règne de vos douze
cents rois! De quels genres de crimes la

nature n'a-t-elle pas été effrayée ! Que de forfaits accumulés ! que d'injustices, que d'atrocités commises envers le plus doux et le plus humain des rois !

Vous voulez au 14 juillet 1789, que ce prince vienne au milieu de vous pour vous rassurer, vous tranquilliser ; sa famille éplorée fond en larmes, ses fidèles sujets tremblent de le voir partir, chacun s'empresse de l'arrêter. « Mon peu- » ple me désire, répond ce bon prince ; » peut-être ma démarche l'adoucira-t- » elle ; peut-être elle le fera rentrer » dans le devoir. » Il s'abandonne alors de son seul mouvement, au péril de ses jours, au milieu d'un peuple révolté, et pour récompense de cette démarche, votre maire l'insulte, en lui disant que *le peuple a conquis son roi.*

Une faction atroce veut le violenter dans son palais, la nuit du 5 au 6 octobre ; il lui était alors très-facile de s'en aller ; il voit ses jours menacés, ceux de la reine, ceux de ses enfants et de sa famille, il n'écoute point les conseils qu'on lui donne, pour fuir les dangers; il sait que s'il quitte son palais, la guerre civile va éclater; que le sang va couler dans toutes les parties de son royaume; il se jette dans les bras de son peuple tout souillé du sang de ses fidèles sujets, il emmène ses tendres enfants et son infortunée famille; et vous le conduisez dans une véritable prison; car de ce jour son palais a été changé en prison.

Vous voulez qu'il jure votre constitution qui n'est pas même faite; vous menacez de répandre le sang innocent, s'il le refuse. Il consent à la jurer, le 4 février 1790.

Vous maltraitez ses fidèles serviteurs rassemblés auprès de lui pour lui faire honneur, pour consoler ses jours et les défendre; et ensuite vous les appelez eux-mêmes *des assassins*.

Les chagrins, la douleur altèrent sa santé; il veut aller respirer l'air à deux lieues de la capitale; vous le lui refusez, quoique la constitution qu'il a jurée, lui donne le droit d'aller jusqu'à vingt lieues ; vous faites plus , vous l'accablez d'injures ; vous présentez vos baïonnettes au poitrail de ses chevaux ; vous disputez avec lui pendant deux heures entières qu'il vous tient tête par son courage ; vous maltraitez devant lui ses officiers , et vous finissez par le forcer à rentrer dans sa prison , en lui disant qu'il est libre , et en le contraignant de l'annoncer à ses peuples et aux puissances étrangères.

Il se croit avec raison prisonnier dans son palais, il craint pour ses jours, pour ceux de la reine, ceux de sa famille; il veut tâcher de s'évader; il y parvient; il vous laisse en partant une déclaration où ses sentiments sont énoncés avec douceur, avec bonté, comme un père parle à ses enfants , sans vous reprocher trop amèrement votre conduite passée. Aussitôt vous faites courir après lui, vous le ramenez comme un criminel, ses gardes liés et garottés sur le devant de sa voiture; vous l'interrogez, comme un coupable vous le suspendez de ses fonctions, et vous le retenez ensuite resserré encore de plus près.

Une année entière s'écoule dans les liens de cette cruelle captivité, jusqu'au 20 juin, que vous vous portez en foule au château pour l'insulter, l'humilier, menacer ses jours, ceux de sa famille, pour briser ses meubles, et lui dire en face que ce sont les vôtres, qu'il n'a rien à lui, que c'est vous qui ÊTES ROI, qu'il n'est que VOTRE COM-MIS et VOTRE SALARIÉ.

Vous poussez la cruauté jusqu'à vou-loir, au 10 août, consommer le dernier des crimes, comme il l'a dit lui-même; fidèle à sa parole de ne point quitter sa capitale; il n'a pas voulu fuir; vous l'attaquez; il ne trouve d'autre asile contre vos fureurs, que de se réfugier, lui et toute sa famille, dans l'enceinte de l'assemblée, au milieu de vous. Là,

vous ne daignez pas même vous occuper de lui : il passe la journée sans man-
ger, le soir il est couché dans le premier lieu, et il ne revoit le jour le len-
demain, que pour traverser sa capitale
au milieu des insultes, et être renfermé
dans une tour, lui et toute sa famille,
où vous avez l'inhumanité de les retenir
toujours ; et vous appelez cette journée,
LA GRANDE JOURNÉE DU 10
AOUST.

En voilà-t-il donc assez, peuple in-
grat et cruel ? Quel mal vous a fait cet
infortuné prince? Il s'est toujours prêté
à ce que vous avez voulu ; toujours il a
cru vous gagner par sa douceur, et sa
douceur vous a rendu plus féroce. Il
semble que tout sentiment d'humanité
vous soit étranger. Vous lui faites même
un reproche de ceux que son cœur lui
dicte pour les siens.

Vous lui avez donné une liste civile ;
l'a-t-il partagée avec les siens ? Je n'en
sais rien ; mais quand il l'aurait fait,

il aurait suivi le mouvement de la nature, qui veut que nous partagions avec
les nôtres le morceau de pain qui nous
reste. Vous ajoutez à sa douleur, par la
conduite inhumaine que vous tenez envers ses frères, en les dépouillant de
tout, en les rejetant de votre sein, ainsi
qu'envers ses autres sujets et fidèles serviteurs qui ont suivi ses frères. Vous
leur reprochez leur absence comme un
crime. Mais je n'ai qu'une demande à
vous faire; si les princes et la noblesse
ne fussent point sortis de la France, y
aurait-il eu un d'eux qui serait en vie?
La noblesse et le clergé n'ont-ils pas été
égorgés dans toutes les parties de l'empire?

Les princes se sont enfuis, dites-vous,
pour vous faire la guerre; sans doute,
ils ont bien pu faire quelques démar-
ches pour leur sûreté personnelle; qui
peut les en blâmer? Vous ne refusez
même pas votre estime à leur courage
et à leur constance; s'ils eussent agi

autrement, vous les eussiez méprisés. Et vous, pendant trois années entières, n'avez-vous pas eu tout le temps de proposer des plans de paix et de conciliation, s'ils eussent été dans vos desseins, et si vous n'aviez pas voulu toujours pousser les choses à toute outrance ? Mais vous voulez leur mort, pour mieux envahir leurs biens ; c'est vous même, c'est votre main qui lève la hache, pour frapper vos concitoyens et vos frères. Non, jamais ces dons faits à ses frères, ne terniront la vie de Louis XVI. Il a satisfait à l'honneur comme à la nature, en partageant avec eux ce qu'il avait ; jamais la méchanceté ne pourra en faire un moyen pour l'accuser, encore moins pour le condamner.

Après toutes ces scènes d'horreur, vous finissez par rejeter ce prince du trône ; lui, dont les ancêtres ont régné sur vos pères (par un exemple unique dans les annales des empires), pendant près de mille ans ; lui, le descendant de S. Louis, qui a gouverné si heureusement les Français, dont la mémoire est toujours en vénération, depuis six siècles, et que, par un usage antique, on célébrait annuellement ; lui, le descendant de Louis XII, ce bon roi, qui faisait *les délices de la France*, et qui, encore aujourd'hui, est surnommé *le Père du peuple ;* lui, le petit-fils d'Henri IV, ce valeureux roi, qui vous a conquis par son courage, et forcés à l'aimer par sa clémence et ses bontés ; lui, le petit-fils de Louis XIV, ce grand roi qui a élevé la monarchie française au plus haut degré de gloire et de splendeur.

Vous renversez sous ses yeux les statues de ces grands princes, que la reconnaissance de vos pères avait élevées en leur honneur ; et sans connaître les mouvements féroces qui vous conduisent, dans votre aveuglement et dans votre fureur, vous portez une main sacrilége sur celle d'Henri IV, qu'il y a quelques mois vous baisiez encore avec attendrissement, que vous regardiez avec un respect qui tenait pour ainsi dire de l'idolâtrie, et que, dans votre frénésie, vous aviez été, comme pour lui faire honneur, jusqu'à la revêtir des signes de votre révolte. Vous mettez le comble à tous ces forfaits, en accusant votre Roi, en voulant lui faire son procès; lui que vous appeliez avant la révolution, et même depuis, le *Juste*, le *Bienfaisant;* lui, en l'honneur duquel vous avez vous-mêmes décrété de faire ériger des statues. Voilà, Français, votre aveuglement; légers, inconséquents, extrêmes dans tout, fallait-il encore que cette révolution vous fît regarder comme féroces?

Vous allez juger, dites-vous, votre Roi; j'en ai dit assez pour sa justification et pour votre condamnation; que le plus hardi d'entre vous se lève, qu'il ose prononcer; je ne veux pour sa punition que les remords qui déchireront son cœur, et l'infamie dont son nom restera souillé dans l'histoire, où il sera cité avec ces grands scélérats qui ont osé porter une main sacrilége sur leurs Souverains.

Le seul tribunal où ce Prince puisse paraître, c'est à celui de la postérité ; c'est à elle que j'en appelle pour lui ; c'est devant ce juge juste, mais sévère, que je cite la nation ; c'est là où ce Prince accompagné de ses vertus, qui seront ses vrais défenseurs, comparaîtra pour sa gloire et pour notre condamnation.

VOILA, Français, ce que mon cœur comme mon courage me suggéraient de vous dire ; puissiez-vous méditer ce discours, y puiser des plans de paix et de conciliation qui ne sont point impossibles : la clémence de votre Roi est grande ; ses vertus encore plus grandes que ses malheurs ; il ne prononcera pas en juge sévère. Quelqu'avancées que soient les choses, quelqu'embrouillées qu'elles paraissent, il est toujours des moyens d'arriver à une conciliation ; le vrai génie ne trouve rien où il ne puisse atteindre.

Mettez, Français, votre roi à la tête de vos armées, c'est sa vraie place; c'est celle que vos ancêtres, plus sages que vous, ont donné, d'un consentement unanime, au chef de sa race en l'élevant sur un bouclier; c'est celle que ses descendants ont occupée pendant mille ans, pour la gloire de la nation, et celle qui appartient légitimement à son souverain.

Sous un prince chéri de ses fidèles sujets, honoré des étrangers qui plaignent ses malheurs, respectent ses vertus; redoutable aux factieux par ces vertus mêmes, je vous garantis sous un mois la paix avec l'étranger, et sous trois mois l'ordre et la tranquillité dans le royaume. Songez-y pendant qu'il est encore temps: le sang n'a que trop coulé; il crie vengeance au ciel et sur la terre; il viendra un moment où il ne sera plus temps, et où ces choses s'exécuteront malgré vous.

Si vos cœurs ne sont point encore

fermés à toute justice, vous me saurez gré de vous avoir parlé avec courage et vérité ; si au contraire cette vérité vous blesse, je subirai le sort de ceux qui dans les temps de trouble et de danger, ont eu la force de la présenter. Le peu de vie qui me reste, n'est plus un sacrifice à la vue des maux qui accablent mon prince, et qui affligent ma triste patrie.

Et vous, sire, mon souverain seigneur et mon roi, plus grand à mes yeux dans votre cachot, au milieu des fers, que lorsqu'assis sur votre trône, environné de toute la pompe et de toute la majesté royale, vous ouvriez vos Etats ; enveloppez-vous de votre vertu, souffrez avec courage des revers que vous n'eussiez jamais dû connaître ; consolez une compagne éplorée, une sœur affligée, pour que la constance et la force qu'elles ont montrées jusqu'ici, ne les abandonnent point. Serrez dans vos bras, approchez de votre sein ces tendres rejetons qui s'épanouissaient à l'aspect d'un soleil levant, et aujourd'hui couverts d'un nuage épais ; que la nature s'était plu à embellir, qu'elle nous avait donnés dans sa bonté pour l'espoir et la consolation de nos neveux, et qui ne sont plus dans ces tristes momens que les objets de nos douleurs.

Si ce discours peut percer les portes dé votre prison et aller jusqu'à vous, puisse-t-il, sire, vous convaincre qu'il est encore de fidèles sujets, qu'il est encore des cœurs qui vous sont attachés ! Ce sera un soulagement à votre douleur, et vous y reconnaîtrez facilement, sire, celui qui eût versé volontiers son sang pour vous sauver au 10 août, vous et votre famille, et épargner par-là à la nation un grand crime ; j'ajouterai, en finissant, un crime bien inutile ; car la maxime en France est, le roi mort : VIVE LE ROI.

Deux jours avant les fêtes de Noël 1792, jours saints que le roi avait destinés pour se recueillir et faire son testament, j'ai envoyé à M. de Malsherbes les deux

premiers exemplaires de ce discours,
avec une lettre par laquelle je le priais
d'en présenter un au roi.

Le 29 du même mois de décembre,
j'ai reçu sa réponse « qui m'accusait la
» réception des deux exemplaires, qu'il
» en avait été fait lecture dans leur as-
» semblée, mais que vu les circons-
» tances on ne ferait point usage des
» moyens que je faisais valoir ; néan-
» moins qu'il était chargé de me faire
» les remercîments dus à mon zèle et à
» mon courage, et qu'il me priait de
» recevoir l'assurance des sentiments
» inviolables avec lesquels il avait l'hon-
» neur d'être, etc. »

Signé Malsherbes.

M. de Malsherbes était le parrain
d'un de mes enfants, auquel il avait
donné son nom.

Ce discours est analysé très fidèle-
ment, dans l'histoire impartiale du
procès de Louis XVI, par Jauffret,
tome V, page 261.

AVERTISSEMENT.

Pendant que l'insensé *Buonaparte* était allé brûler *Moscou*, on proposa à un conseiller estimé et considéré de la cour dite impériale, d'engager sa compaguie à imiter l'exemple du parlement créé par les *Guises*, d'expulser *Buonaparte* et de proclamer la loi salique; « Surtout de ne point se laisser » prévenir par le sénat, corps irrégu- » lier dans l'état, dont il n'avait cessé » de démériter ;

» Que le corps législatif était mal » nommé, en ce qu'au roi seul appar- « tient le droit de faire des lois, de » concert aussi avec les députés de la « nation, quand il les appelle; que ce » corps était bien une représentation » de députés ; mais que jusqu'ici il » était resté corps muet, suivant même » son institution ; que la cour de jus- » tice seule pouvait présenter une ap- » parence de parlement, cour des » pairs, cette ancienne institution de

» *la monarchie, en ce que cette cour*
» *avait en dépôt la justice et les lois*
» *qu'elle pouvait faire parler, comme*
» *avait fait si à-propos le parlement*
» *des Guises.*

» *Pourquoi changer nos anciennes*
» *lois, nos respectables institutions ;*
» *il est reconnu unanimement que*
» *tout ce que l'on a fait pendant la*
» *révolution est mauvais et* nul. »

On n'a point eu lieu de se repentir
de cette confidence, elle était bien
placée ; que de sang on eût évité ! Mais
l'ombre du Corse, pede fugaci, *au pied*
léger, errante et fugitive sur les bords
de la Duna, ne cessait d'effrayer les
timides habitants des bords de la
Seine.

Voici le discours qui devait être
prononcé à l'audience, au parquet,
dans le mois de décembre 1812 *, par*
le commissaire du roi ; il laissait sur le
bureau un modèle d'arrêt, avec le
plan nécessaire pour pourvoir à la
tranquillité de Paris.

DISCOURS
SUR LA LOI SALIQUE (1).

M~ESSIEURS,~

Il n'est aucun Français qui ne sache que, de toute ancienneté, il existe dans le royaume une loi *majeure*, comme l'appelait le chancelier l'Hôpital : loi sainte, révérée à tous les âges de la monarchie, connue sous le nom de *loi salique;* loi de laquelle nos pères ont estimé que la liberté, l'honneur, et la dignité du nom français dépendaient

____

(1) La loi Salique est la base du gouvernement français; c'est sur cette loi qu'est fondé le pacte entre la nation et nos rois; c'est par elle que le prince se saisit de la couronne; mais le roi régnant n'est qu'un usufruitier, il ne peut rien faire au préjudice de son successeur. La déclaration du 23 juin, qui a fait tant d'honneur à Louis XVI, est tout ce qu'il faut maintenant, en ôtant la périodicité.

principalement ; enfin loi consacrée de nos jours dans les cahiers des Etats Généraux légitimement convoqués, et librement assemblés en 1789.

(Depuis cette époque nos assemblées n'ont plus connu ni liberté, ni légitimité.)

Ces cahiers ont déclaré unanimement alors,

» Que la couronne réside dans celui » que la nature et la loi y appellent. »

Si les troubles et les malheurs qui, depuis près de 25 ans, affligent le royaume, ont porté atteinte à la sagesse de cette loi, l'expulsion d'un usurpateur insensé, qui dans les accès de sa folie, a bouleversé avec les armes que vous lui aviez mises en mains pour vous défendre, la France, l'Europe, toutes les parties du monde ; cette expulsion qui va purger la terre de l'horrible fléau qui la désolait, vous présente, messieurs, une occasion favorable de faire rentrer la nation dans ses droits, et de préparer les voies d'une paix générale dans l'univers.

Imitez l'exemple, imitez, messieurs, le courage de vos ancêtres.

Dans des circonstances aussi orageuses, et dans une position critique, semblable à la vôtre puisqu'ils étaient, comme vous, une autorité établie par une faction usurpatrice, ils ont eu la noble fermeté de faire parler une loi dont le silence et l'absence ont en tout temps causé les plus grands maux à la France; une loi qui sera toujours le fanal qu'il ne faut point perdre de vue, pour nous guider dans nos temps de troubles.

Cette autorité alors, éclairée par les malheurs publics, animée du saint amour de la patrie et de ses lois, a rendu le célèbre arrêt du 28 juin 1593, qui a déclaré Henri IV seul et légitime roi de France.

Elle a maintenue la loi; elle n'a pas craint qu'on lui objectât qu'elle était incompétente ; car tel est l'empire et la force de la loi, il suffit qu'elle soit présentée aux hommes pour leur commander. Cette intrépide autorité a fait cesser alors par la fermeté, la prudence et la sagesse de son arrêt, les troubles qui affligeaient depuis 40 ans le royaume, et elle a réuni toutes les factions au seul et véritable but.

En prenant, messieurs, le parti que j'ai l'honneur de vous proposer, ne craignez point d'être désavoués par une nation qui, a la vérité, s'est laissée cruellement égarer, mais toujours reconnue fidelle, noble et généreuse, toutes les fois qu'elle a agi d'elle-même et sans impulsion.

Par une nation qui, légitimement convoquée, a émis librement son vœu pour le maintien de la loi ; ce qui la justifiera toujours de tant de crimes commis, pour en laisser la honte ou le repentir aux vrais coupables.

J'espère aussi, messieurs, n'être point

désavoué par un souverain connu par toute la France, pour être prêt à pardonner, même aux plus coupables ; et comme la sage Elisabeth, impératrice de Russie, qui avait à venger les plus horribles forfaits, comme elle, une fois monté sur son trône, ne pas vouloir qu'on répande une seule goutte de sang ; effrayés, fatigués l'un et l'autre, de la quantité de celui qui avait été versé dans leur empire.

Ayez donc confiance, messieurs, dans la noble action que je vous propose, et que tout vous invite à faire ; suivez librement et sans crainte les premiers mouvemens d'un cœur français et généreux, vous agirez dans le sens d'une nation qui a toujours voulu, et veut encore fermement ce que vous allez faire.

Proclamez la loi salique, loi fondamentale du royaume, telle qu'elle a toujours été reconnue par la nation assemblée, par les plus grands magistrats de la France, et aussi conformément aux cahiers des Etats-généraux légitimement convoqués, librement assemblés en 1789, et aux anciens usages du royaume, lesquels remontent au berceau de la monarchie la plus belle, la plus ancienne de l'univers; car c'est sur le pivot de cette loi salutaire, (dit toujours le même chancelier l'Hôpital) que roule l'ordre et le gouvernement.

Soyez persuadés, messieurs, que si l'arrêt de vos prédécesseurs a procuré par sa fermeté et par sa sagesse la paix et la tranquillité dans le royaume, si cet arrêt a fait alors le bonheur d'une nation depuis long-temps malheureuse, il en sera de même de celui que vous allez prononcer...., il fera plus encore....., il préparera les voies pour rendre la paix au monde.

La France, l'Europe, lassées, fatiguées, épuisées par tant et de si longues guerres, applaudiront à votre sagesse, à votre courage; votre proclamation retentira dans tout l'univers......

Elle retentira , cette proclamation ; jusqu'à ces nouvelles contrées qui aujourd'hui se déchirent entre elles ; vous les verrez poser ler armes, reconnaître l'ordre, les lois, la justice, et vos bienfaits s'étendront jusques dans le nouveau monde ; car le bonheur de la terre entière dépend du rétablissement de la maison de Bourbon sur ses trônes ; elle est, comme l'a dit un grand homme (1), » une Providence pour les nations de » la terre. »

Vous voyez en effet, messieurs, dans quel deuil et dans quelle anarchie son absence les a plongées !

Mais, Messieurs , cette proclamation retentira bien plus avant dans nos cœurs ; elle aura cet avantage si touchant, si consolant, qu'en confirmant la loi de l'état, elle confirmera en même temps la loi de la nature ; le sang de Louis XVI, par un évènement heureux,

---

(1) M. Canning, dans le parlement d'Angleterre.

si désiré par la France, se trouve uni au prince qui doit un jour être l'héritier de la couronne, après son père et son oncle.

Et aussi, après toutefois que nous aurons ressenti quel bien peut procurer un règne passé sous un prince doux et modéré, et comme ses bienfaisants prédécesseurs Louis XII, et Henri IV, d'une si consolante mémoire, comme eux, tant éprouvé à l'école du malheur!

Que cette circonstance heureuse du mariage de la fille de Louis XVI avec M. le duc d'Angoulême doit avoir de droits sur nos cœurs! Elle unit la nature à la loi; elle répare, autant qu'il est possible, deux crimes si grands, qu'il n'existe que ce seul moyen d'en affaiblir l'horreur; si nos enfants ne peuvent les oublier, ils se consoleront du moins en voyant la vertu sur le trône et les malheur réparés:

MADAME Royale, Reine de France, sera pour nous, un ange de

paix descendu du ciel, en justification de nos fautes; elle sera le gage
de toute réconciliation entre nous, entre les puissances étrangères, qui ne
peuvent être nos ennemies, puisqu'elles
honorent ses malheurs, respectent ses
vertus.

C'est vous, Messieurs, qui en aurez
ouvert le chemin; vos noms répétés de
bouches en bouches par nos derniers
neveux, resteront en bénédiction jusqu'à la postérité la plus reculée.

FIN.